LES PREMIÈRES
LEÇONS D'UNE MÈRE

PETITES LECTURES INSTRUCTIVES

POUR FAIRE SUITE

A TOUS LES ALPHABETS

PAR

MME DOUDET

PARIS
THÉODORE LEFÈVRE, ÉDITEUR
Rue des Poitevins.

LES
PREMIÈRES LEÇONS D'UNE MÈRE

PETITES LECTURES INSTRUCTIVES

Monsieur et madame Dubois avaient deux enfants fort aimables et fort intelligents, nommés Paul et Marie, à l'instruction et à l'éducation desquels ils apportaient le plus grand soin.

Paul avait neuf ans et Marie sept seulement ; ils s'aimaient beaucoup et avaient rarement de ces querelles qu'on voit malheureusement s'élever entre frère et sœur, et le plus souvent pour des niaiseries.

Cependant un jour leur maman, étonnée de ne pas entendre les ébats bruyants auxquels elle était habituée, entra dans la chambre de ses enfants et leur dit :

— Que faites-vous donc dans la chambre par ce beau temps, au lieu de courir dans le jardin, puisque c'est l'heure de la récréation ?

— Maman, nous jouons aux cartes, répondit Paul, sans lever les yeux, tant son jeu l'absorbait.

— Oui, maman, continua Marie, à la bataille, et je crois que je vais gagner, car j'ai déjà pris un roi et un as à mon frère.

— Je n'aime les cartes pour personne, encore moins pour les enfants. Puis vous vous passionnez trop : regardez-vous ! Paul est blanc comme de la neige, Marie est rouge comme une cerise.

— Bataille ! s'écria Paul, sans faire attention aux observations de sa mère ; au même instant, en effet, chacun des enfants posait un as sur le coussin qui leur servait de table.

— Bataille ! continua Marie en rougissant d'émotion, car deux rois venaient d'être posés sur les as, le coup était décisif.

La mère regardait ses enfants d'un air soucieux.

— J'ai gagné, dit la petite fille en sautant de joie; elle venait de poser un second roi, et Paul n'avait plus de figure dans son jeu.

— Tiens, je ne joue plus, tu es une tricheuse, dit le petit garçon en jetant avec colère les cartes au nez de sa sœur.

— Du tout, mais tu es mauvais joueur et tu ne veux

jamais perdre. Chaque fois, c'est la même chose.

— Cette fois sera la dernière, dit la mère en intervenant et en prenant les cartes; ces jeux ne sont pas de votre âge, je vous les interdis; quel plaisir en avez-vous tiré? vous être fâchés l'un contre l'autre, irrités, crispés? prenez votre balle ou votre corde, qu'il ne soit plus jamais question de cartes sinon pour en faire des châteaux, et n'oubliez pas que c'est ce soir que vos cousins viennent pour voir la lanterne magique.

LA CAMPAGNE

Chaque année, au printemps, la famille Dubois partait à la campagne où elle avait une jolie habitation. C'était habituellement vers Pâques qu'on s'installait, parce que madame Dubois tenait beaucoup à faire aux enfants de l'école une distribution de beaux œufs de pâques; elle aimait à récompenser

l'assiduité de ses petits protégés, car c'était elle qui

était la fondatrice de cette école : aussi la considérait-on comme la bienfaitrice du village, et c'était à qui, pendant son absence, venait soigner son jardin.

Paul et Marie se plaisaient plus à la campagne qu'à la ville, car ils y avaient constamment la société de leurs parents, et chaque jour, dans les promenades, ils apprenaient des choses aussi intéressantes qu'utiles; puis ils retrouvaient là leurs cousins qui habitaient toute l'année le village et à qui l'hiver semblait bien long en leur absence; leurs animaux favoris, qu'ils étaient aussi obligés d'abandonner pendant les quatre mois d'hiver, leur faisaient une belle réception.

Chaque année, on trouvait une nouvelle surprise : c'était un poulain qui était né, ou bien une belle couvée de canards et de poulets.

LE BLÉ, LA FARINE, LE PAIN

Dès le lendemain de leur arrivée, nos enfants étaient dans les champs et engageaient avec leur mère la conversation suivante :

— Maman, qu'est-ce que c'est que cette herbe verte qui s'étend en grande bande devant nous?

— C'est du blé, et à côté, ce champ d'épis garnis de longues barbes, c'est du seigle.

— Alors c'est avec cela qu'on fait le pain de seigle que j'aime tant, ce bon pain que ma nourrice m'apporte de temps en temps.

— C'est cela même; le blé donne le pain blanc et le seigle le pain bis; ce dernier est moins nourrissant que l'autre, mais il coûte bien moins cher.

— Comment fait-on le pain, maman, demanda à son tour Paul à sa mère?

— D'abord il faut faire la farine avant de songer à faire le pain, et c'est un grand travail, je vous l'assure.

— Maman, veux-tu nous raconter l'histoire du pain depuis le commencement tout à fait ?

— Volontiers, asseyons-nous sur le bord de ce chemin qui est garni d'un épais gazon, nous y serons à l'aise pour causer.

— Vous souvenez-vous qu'à l'automne nous avons vu un homme remuer la terre au moyen d'un instrument nommé charrue ?

— Oui, maman, interrompit Paul, je m'en souviens très-bien ; c'étaient deux chevaux qui traînaient la charrue ; la terre était tranchée comme avec un couteau, et il se formait des petits fossés très-étroits qui se nomment des *sillons ;*

— Puis, un homme est venu avec du grain dans son tablier et il a parcouru tout le champ en prenant des poignées de grain qu'il jetait à la volée.

— Moi aussi, je me rappelle très-bien que c'est ce qu'on appelle les *semailles ;* il y avait même dans le ciel de gros vilains corbeaux qui criaient très-fort et qui voulaient venir manger le blé, ce qui ennuyait bien le semeur. Et puis, après, avec une espèce de grand carré traîné par un cheval, et armé de dents comme un râteau, on a nivelé la terre.

— Cette espèce de râteau est une *herse*, mes enfants ; l'hiver a passé sur le blé, et aux premiers beaux

jours la petite graine a germé et il est sorti de terre cette belle herbe verte que vous voyez ; approchez-vous, on commence à voir les épis ; quand ils seront mûrs, ils deviendront jaune d'or, alors on coupera les blés, on fera la *moisson*.

Les moissonneurs armés d'une *faucille* coupent une poignée d'épis qu'ils jettent à terre en suivant un ordre régulier ; ces épis réunis en poignées forment des *javelles* ; avec les javelles liées ensemble on fait les *gerbes*, et les gerbes forment ces grandes *meules* rondes qui s'élèvent comme des maisons au milieu des champs.

— Ah! dit Marie, on fait aussi des meules de foin; je me rappelle que l'année dernière mon frère et mon cousin me balançaient si fort que je suis

tombée, et fort heureusement, sur une meule de foin, sans quoi je me serais brisée la tête.

— Imprudents!

En certains pays on bat le blé et on le rentre immédiatement dans les granges, mais dans tout le centre de la France ce n'est pas l'usage. On n'en rentre qu'une partie et l'on défait les meules au fur et à mesure des besoins.

Quand on a serré le blé et qu'on veut en extraire le grain, on se sert de batteuses mécaniques. Le grain est alors mis en sac, et la paille liée en bottes est vendue pour faire la litière des animaux. Enfin, pour que le blé devienne farine, il faut le conduire au moulin.

Mais tenez, voici justement le meunier Jacques qui vient de notre côté; il va nous expliquer la manière de moudre le grain.

—Ah! maman, comme il a vieilli depuis l'année dernière, il est tout voûté et s'appuie d'une main sur son bâton, de l'autre sur sa petite fille Jeanne.

—Jeanne est le bâton de vieillesse de son grand-père; quand elle était toute petite et qu'elle ne pouvait pas encore marcher, il la portait dans ses bras et la promenait tout le jour; aujourd'hui que le temps a enlevé les forces au vieillard et en a donné à l'enfant, il est bien juste qu'elle rende les soins qu'elle a reçus.

— Bonjour, père Jacques, vous avez l'air bien fatigué; asseyez-vous à côté de nous, cela vous reposera.

—Merci bien, madame, mais nous sommes en retard déjà pour le dîner et si je m'arrête, ce sera bien pire.

— Eh bien, nous allons vous accompagner, et vous serez bien aimable d'expliquer en route à mes enfants comment on moud le blé.

— Madame, voyez-vous, ces choses-là, ça ne s'explique pas; il faut les voir. Si vous voulez venir demain à mon moulin avec vos enfants, vous nous ferez bien plaisir et ils n'auront pas perdu leur temps, et comprendront beaucoup mieux.

— Nous acceptons, père Jacques; demain nous irons chez vous, nous verrons en même temps si le petit chien que votre femme nous élève est assez fort pour l'emporter.

— Pas encore, madame, reprit Jeanne, la mère ne veut pas s'en séparer; hier j'avais pris les trois petits chiens, Fidèle m'a suivie en grognant, puis dès que je les ai posés à terre, elle les a pris entre ses dents et les a reportés dans le panier où elle couche.

— Nous voici dans le chemin qui conduit chez nous; adieu, père Jacques, ou plutôt au revoir.

— Oui, madame, à demain, et il y aura pour les enfants du lait chaud et de la bonne galette.

— Maman, il est une heure; est-ce que nous n'allons pas partir au moulin?

— Si, ma fille, je prends mes gants et mon ombrelle et nous partons, mettez vos chapeaux de paille.

— Voici un moulin à vent là-bas sur la colline; est-ce qu'il appartient au père Jacques?

— Non; le sien est un moulin à eau.

— Quelle différence y a-t-il entre un moulin à vent et un moulin à eau ?

— Il faut d'abord bien s'entendre sur l'idée que vous vous faites d'un moulin. Le moulin est simplement l'appareil destiné à moudre le blé, c'est-à-dire à le réduire en farine, et, dans les moulins à vent comme dans les moulins à eau, c'est entre deux grosses pierres rondes, nommées *meules*, que le grain est écrasé.

Ah ! j'entends le tic-tac de la roue et le bruit de l'eau. Nous voici arrivés.

Bonjour, mère Jeanne, bonjour, enfants, vous voyez que nous sommes exacts.

Ah ! comme les enfants ont grandi ! Madame, permettez-moi de les embrasser, surtout monsieur Paul, mon nourrisson.

— Entrons tout de suite dans le moulin. Ne perdons pas de temps : voyez ces deux grosses meules;

le blé arrive par cette espèce de conduit sur celle de dessus qui tourne seule, et qui est percée d'un trou, celle de dessous est immobile; voyez la farine qui tombe dans ce réservoir, suivez le chemin qu'elle fait à travers le moulin dans ces grands conduits nommés spirales; c'est afin qu'elle se refroidisse, car lorsqu'elle est chassée d'entre les meules, elle est brûlante et ne pourrait être mise en sac; puis il faut qu'on la sépare du son; cette opération a lieu dans des espèces de tamis nommés *bluttoirs*.

Maintenant sortons, mes enfants, car il fait chaud, et j'ai la tête cassée par tout ce bruit; secouez vos habits, vous êtes tout blancs. Je vais entrer voir votre fille, père Jacques; pendant ce temps-là mes enfants iront visiter la basse-cour avec Jeanne.

Des coqs, des poules de toutes les espèces, de toutes les grosseurs, de toutes les nuances, prenaient leurs ébats dans la cour de la ferme, des canards barbottaient dans la mare, des dindons noirs aux caroncules d'un rouge bleuâtre se perchaient gravement sur une palissade, quand tout d'un coup un grand bruit se fit entendre; c'était une bande d'oies qui rentrait.

Ces oiseaux avaient été poursuivis par un gros chien; ils étaient effrayés et s'avançaient, le bec ouvert, les ailes étendues; par malheur, Marie s'approcha trop de l'un d'eux, qui, la saisissant par le bas de sa robe, s'y accrocha et y resta suspendu malgré la vitesse avec laquelle la petite prit la fuite.

Jeanne ne perdit pas de temps, elle saisit une branche d'arbre et en frappa l'oie jusqu'à ce que celle-ci se décidât à battre en retraite.

Nos enfants étaient encore tout tremblants quand leur mère les rejoignit; on lui raconta l'histoire, elle engagea Marie à prendre plus de précautions une autre fois.

En quittant le moulin, les enfants virent un rétameur de casseroles qui s'était installé à la porte d'une chaumière. Toutes les bonnes femmes du village lui avaient apporté leurs chaudrons à re-

mettre à neuf; Paul admira surtout avec quelle dextérité un petit garçon de son âge à peu près aidait l'ouvrier qui paraissait être son père.

Maman, disait-il avec exaltation, je voudrais que nous fussions malheureux, pour aider aussi papa.

Remercie Dieu qu'il n'en soit rien, répondit la mère en souriant. Il n'est pas nécessaire que nous soyons malheureux pour que tu travailles.

Lorsqu'on fut rentré à la maison, Marie, qui était excessivement fatiguée, s'assit sur le canapé pour se

reposer un peu et, prenant sa poupée dans ses bras, elle lui fit un récit fidèle des aventures de la journée.

Après le dîner, Paul rappela à sa mère qu'il ne savait pas la fin de l'histoire du pain.

—C'est vrai, mes enfants, nous en sommes restés au moment où la farine séparée du son et suffisamment refroidie est mise en sac et livrée au boulanger.

Le boulanger fait de cette farine une pâte solide en la mélangeant avec de l'eau, puis cette pâte coupée en morceaux, de forme et de poids différents, forme les pains qu'il faut alors faire cuire.

Il faut maintenant chauffer le four; pour cela, on prend du bois blanc bien sec, et quand il est réduit en braise, on retire cette braise, qu'on éteint dans de grands étouffoirs, on balaie le four qui est brûlant, et au moyen de pelles de bois, on dépose les pains sur le sol du four; au bout d'une heure environ, le pain est cuit et est retiré.

En ajoutant à la pâte des œufs et du beurre, on fait la galette et les gâteaux que vous aimez tant.

LES BRISEURS DE JOUETS

— Pourquoi ne descends-tu pas jouer avec tes cousins, Marie? voici l'heure de ta récréation.

— Maman, je ne m'amuse pas avec eux, nous n'avons pas les mêmes goûts.

— Quels sont donc leurs goûts?

—Ils ne se plaisent qu'à casser, briser tout. Tu sais la belle poupée que tu as donnée à Jeanne pour le jour de l'an? Eh bien, la tête en est cassée, ainsi qu'une jambe et un bras.

— Je ne puis croire que ce soit exprès; c'est sans doute par accident, la porcelaine est si fragile; il ne faut pas d'abord supposer le mal.

— Oh! pas du tout, c'est exprès qu'elle l'a fait; figure-toi qu'hier, lorsque je suis descendue, j'entendais un tel vacarme dans la chambre de Jeanne que j'ai cru qu'il lui était arrivé un accident; je suis entrée et elle était si occupée à regarder son frère, elle riait si fort, qu'elle ne m'a ni vue ni entendue.

— Et que faisait Jules?

— Jules avait pris un marteau et il en donnait de si grands coups sur la tête de son beau chien mécanique, que celui-ci est en morceau. Et ce n'est pas tout, son fusil, son tambour, tout cela était cassé.

— Et qu'as-tu dit en voyant ce désordre?

— Je n'ai rien dit du tout, mais j'ai serré bien fort ma poupée sur mon cœur, je suis sortie lestement sans que mes cousins m'aperçoivent et je suis remontée, me promettant bien de ne jamais descendre mes joujoux chez eux.

— Tu as raison, mon enfant, c'est une vilaine chose que de casser et de briser ainsi ses jouets; Jules et Jeanne ont tort, mais ils n'ont plus de mère pour les bien élever, et il faut plutôt les plaindre que les blâmer. Qui sait si, abandonnée à toi-même, tu vaudrais mieux qu'eux!

LES TROIS RÈGNES DE LA NATURE

Monsieur Dubois est bien triste, sa femme est malade depuis plusieurs jours, il est très-inquiet et ses enfants partagent son chagrin; l'ennui pèse sur toute la maison. Monsieur Dubois a pris un livre, mais il ne le regarde même pas, ses pensées sont ailleurs.

— Papa, dit tout à coup Marie, en quittant l'ouvrage

qu'elle tient à la main, il y a bien longtemps que tu n'es sorti, maman le disait ce matin; si nous allions faire un tour à la campagne, cela nous ferait du bien à tous et tu nous ferais une bonne causerie comme maman nous en fait tous les jours.

—Tu as ma foi raison, préparez-vous vite et partons.

Voilà la famille dans le bois; les lapins sautent dans la bruyère, les perdrix fuient le fusil du chasseur à l'affût, les feuilles jaunissent et prennent les teintes d'automne, les vendanges se terminent, le soleil est déjà moins brillant. Tout en cheminant, Paul ramasse tantôt un marron, tantôt une pierre qui lui paraît curieuse; Marie récolte des mousses dont elle veut réunir toutes les variétés,

— Papa, dit Paul, quel est le plus utile des trois règnes de la nature, le règne minéral, le règne végétal ou le règne animal?

Le travail du fer à la forge.

— Ils nous sont tous indispensables. Du règne minéral nous tirons le fer, le cuivre, puis les pierres qui servent à bâtir et surtout l'eau, qui est peut-être la chose dont on peut le moins se passer.

— Comment, papa, interrompit Marie, l'eau appartient au règne minéral?

— Dans quel règne veux-tu donc la classer?

— Je ne sais pas, jamais je n'avais pensé à cela.

— Quand l'eau est gelée, n'a-t-elle pas toute l'apparence d'une pierre?

— Ah! oui, c'est vrai.

Outre les choses dont nous venons de parler, le règne minéral nous donne encore le gaz qui nous éclaire, ainsi que l'huile de pétrole découverte depuis peu, la houille ou charbon de terre. Et c'est aussi avec le sable mélangé à d'autres matières qu'on obtient le verre.

— Et le charbon qui brûle dans le fourneau, est-ce du minéral comme la houille?

Fabrication du charbon de bois.

— Non, ma fille; réfléchis un peu, ne l'appelle-t-on pas charbon de bois?

— Si, papa!

— Eh bien, à quel règne appartient le bois?

— Au règne végétal, se hâta de répondre Paul.

— Il se fait tard, mes enfants, rentrons, et demain je vous parlerai du règne végétal, qui vous intéressera davantage.

— Vous êtes en retard, mes enfants, voici un quart d'heure que je vous attends; vous êtes en nage, d'où venez-vous ainsi?

— Papa, nous venons de chez le meunier Jacques, où l'on nous avait envoyés chercher des plantes qui doivent servir pour guérir maman.

Le père Jacques a tellement insisté pour que nous prenions un peu de lait, que nous n'avons pas osé

lui refuser, et c'est ce qui nous a attardés.

— C'est bon, donnez vos plantes à la bonne, et partons. J'avais à vous parler du règne végétal, et ces plantes m'en fournissent tout naturellement l'occasion; les ressources que la médecine en tire sont immenses; voyez les boutiques d'herboristes, elles ne sont pleines que de fleurs, de feuilles et de racines; la violette, la mauve, le bouillon blanc, la bourrache, la ronce, et tant d'autres emplissent les bocaux et les tiroirs. Mais les remèdes les plus énergiques, tels que le quinquina, l'ipécacuanha, la rhubarbe, le ricin, ne sont pas originaires de nos climats, ils nous viennent des pays chauds, ainsi que le thé, le café, le cacao qui sert à faire le chocolat, et la canne à sucre.

— Papa, est-ce qu'il n'y a que la canne qui donne le sucre?

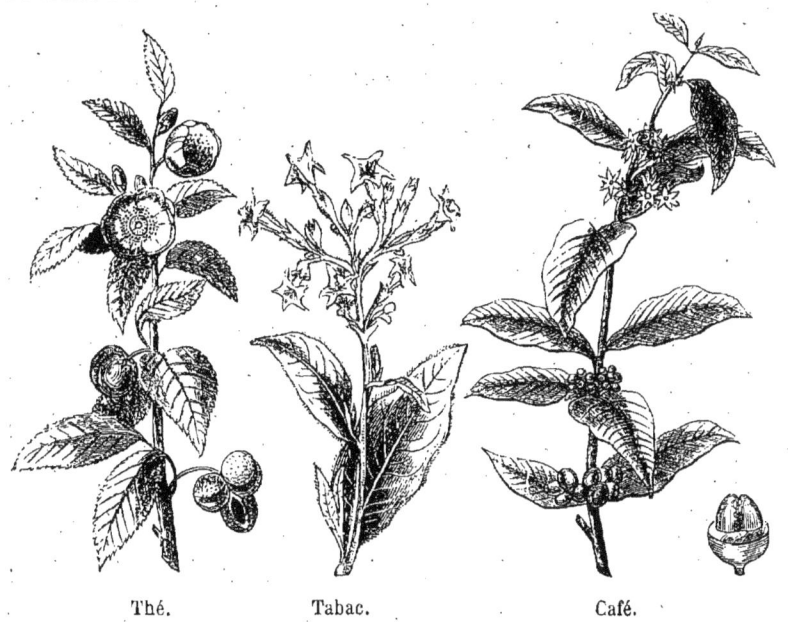

Thé.   Tabac.   Café.

— Non, il y a aussi la betterave, qui est une grande source de richesse pour notre pays; on en extrait non-seulement du sucre, mais aussi de l'alcool avec lequel on fait la liqueur nommée eau-de-vie; la betterave est de plus excellente pour les bestiaux;

les vaches en mangent beaucoup pendant l'hiver.

C'est le règne végétal qui nous nourrit en grande partie, qui nous donne le pain, les légumes, les fruits; le vin est produit par le raisin; le cidre, par les pommes; la bière est un composé d'orge et de houblon. Voici les grands arbres qui nous donnent le bois de chauffage et de construction. Ces grands sapins formeront des navires et des échafaudages destinés à la construction des monuments.

Nous avons donc vu les plantes qui nourrissent, qui désaltèrent, qui guérissent l'homme; il y a aussi celles qui l'habillent. Ce sont surtout le lin et le chanvre dont les tiges fournissent des fils avec lesquels on fait la toile.

— Et d'où vient le coton?

— Il nous vient d'Asie et d'Amérique; le cotonnier est un petit arbuste, lorsque la fleur est passée, le fruit grossit, prend la forme d'une capsule ou petite boule qui s'entr'ouvre à l'époque de la maturité et laisse échapper les graines entourées d'une épaisse bourre blanche et soyeuse qui n'est autre que le coton. Ce sont les nègres qui cueillent les fruits du cotonnier; ils en emplissent de grandes corbeilles, et les négresses sont occupées à débarrasser le coton des graines et de la coque; on fait ensuite des balles de ce coton, on les embarque dans des navires qui les transportent en Europe. Il y a des manufactures où l'on travaille ce coton afin d'en fabriquer des étoffes connues sous le nom de cotonnades, de calicot, de mousseline, etc.

Récolte du coton.

— Et la laine, dit la petite Marie, vient-elle de la même manière?

— Oh! dit Paul en riant, voilà que tu embrouilles le règne végétal avec le règne animal ; as-tu donc oublié que la laine provient de la toison des moutons?

— Ah! c'est vrai, mais tout à l'heure papa parlait du chanvre avec lequel on fait la toile, et je ne connais pas cette plante-là.

— Tu connais du moins la graine, ma fillette, car ce que tu nommes *chènevis* et que tu donnes à manger à ta perruche n'est pas autre chose que la graine du *chanvre*.

— Papa, dis-moi, je te prie, d'où vient le caoutchouc ?

— C'est un produit végétal ; il découle de certains arbres des pays chauds, comme la résine découle des pins. C'est surtout une plante d'Amérique nommée *Hévé* qui le donne en plus grande quantité.

— Papa, demanda Marie, voudrais-tu me permettre de donner la grosse balle de caoutchouc que tu m'as apportée à ton dernier voyage à notre petite voisine ; elle en a grande envie, elle est si gentille ; si tu savais quelle patience elle a mis l'autre hiver à apprendre à lire à son petit frère, elle mérite bien une récompense !.

— Donne, ma chère enfant, il n'y a pas de plus grand bonheur que d'être agréable aux autres.

— Papa, toutes les plantes ne sont pas utiles; le tabac, par exemple, n'est bon à rien du tout.

— Ah! mademoiselle, vous jetez des pierres dans mon jardin; c'est contre mes cigares que vous parlez.

— Oh! non, papa, je le répète parce que je l'ai entendu dire à maman.

— Passons, si tu veux, au règne animal.

— Volontiers, et pour me venger de mademoiselle Marie, je lui répondrai, en commençant par vous parler des animaux qui nous fournissent les vêtements, cela intéresse les petites coquettes.

Nous avons vu que le chanvre, le lin, le coton nous fournissent les habits de toile et de coton; Paul nous a dit que le mouton donne la laine ; il ne nous reste donc guère à connaître que l'origine de la soie. C'est un papillon nommé Bombyx, qui produit cette matière aussi solide qu'élégante.

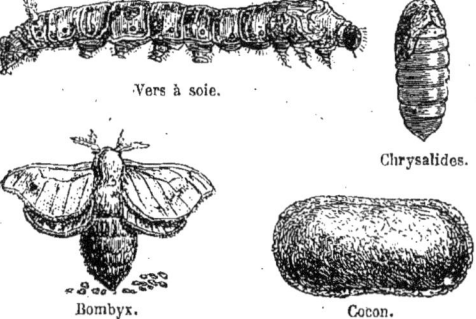
Vers à soie.
Chrysalides.
Bombyx.
Cocon.

Le bombyx porte le nom de ver à soie; il est originaire de la Chine et ne se nourrit que de la feuille du mûrier.

Cet insecte, d'un blanc grisâtre, subit les transformations ordinaires des papillons; avant d'être orné de ses ailes, il est humble chenille; à l'automne, cette chenille se file une habitation soyeuse nommée cocon et s'y enferme; elle prend alors le nom de *chrysalide* et passe l'hiver dans une sorte d'engourdissement d'où la tirent les rayons du soleil du printemps; elle brise son enveloppe et sort papillon.

C'est de l'intérieur du cocon, que l'on dévide soigneusement, qu'on extrait la soie; à l'état naturel, elle est jaune d'or ou blanc d'argent. Pour donner les teintes que l'on voit aux différentes soieries, on les soumet à la teinture.

Les vers à soie ont besoin de beaucoup de chaleur pour se bien porter; aussi, dans nos climats, ne peut-on les élever en plein air comme on le fait en Chine; on leur construit des espèces de serres appelées *magnaneries*.

Quand j'avais votre âge, j'avais la passion d'élever des vers à soie; ils ne me quittaient pas, je les emportais à la pension dans ma gibecière sans que ma mère s'en aperçût.

Malheureusement pour moi, il n'en fut pas de même de mes professeurs, et un jour qu'au lieu d'écouter une leçon d'arithmétique je contemplais avec joie mes chrysalides qui commençaient à s'ouvrir pour laisser passage au papillon, je fus rappelé à la réalité et à l'étude par un violent coup de règle sur les doigts et par une voix formidable qui criait : *Mille lignes à copier!*

Cet incident me dégoûta des vers à soie, d'autant plus que, pendant que je restais ébahi sous le coup de cette punition, mes papillons prenaient leur vol, oubliant, les ingrats! que c'était à cause d'eux qu'il me fallait faire un si terrible pensum, moi le meilleur écolier, dont la poitrine était toujours ornée de la croix.

— Papa, quel est l'animal qui nous est le plus utile, n'est-ce pas le cheval?
— Non, mon fils, ce bel animal sert beaucoup à

l'homme, il est vrai, mais le bœuf lui rend encore bien plus de services. Le bœuf est plus robuste que le cheval, sa chair est un excellent aliment, tandis que celle du cheval est moins estimée. Rien dans le bœuf n'est perdu; ses cornes fondues et travaillées servent à fabriquer des peignes, des manches de couteaux; ses os réduits en cendres fournissent le noir animal qui, ainsi que le sang de bœuf, est employé pour raffiner, c'est-à-dire purifier et blanchir le sucre. Sa peau bien tannée donne un cuir fort et solide; rien enfin n'est perdu dans ce précieux animal.

— Et c'est la femelle du bœuf, la vache, qui donne le lait avec lequel on fait du beurre et du fromage.

— Moi, dit Marie, j'ai très-peur des bœufs; l'autre jour, nous nous promenions dans les champs avec

Jeanne, Pataud s'est mis tout d'un coup à aboyer contre un gros bœuf qui paissait non loin de nous; l'animal furieux s'est retourné, il agitait sa queue, nous menaçait de ses cornes; ses yeux avaient pris une expression féroce; heureusement que le bouvier était près de là et nous a fait cacher. Je crois sans cela que nous aurions été tuées d'un coup de tête; ce bœuf mugissait avec une telle force que je tremblais de tous mes membres.

J'aime bien mieux les ânes, on en fait tout ce qu'on veut et ils ne vous font jamais de mal.

— C'est vrai, mais aussi il y a des gens qui abusent du caractère pacifique de ces animaux pour les maltraiter, et c'est ce qui les rend si entêtés.

— Papa, ne trouves-tu pas le cheval plus joli que l'âne?

— Si, mon fils, il est plus élégant de forme, son allure est rapide, ses mouvements pleins de grâce et de souplesse; le cheval et le chien sont les deux amis de l'homme, ses plus fidèles compagnons. Il y a de nombreuses espèces de chevaux; une des plus belles est le cheval arabe. Parmi les chevaux français, les races percheronnes et normandes sont les plus estimées.

Les chevaux anglais sont les meilleurs coureurs.

— Est-ce que les bœufs et les chevaux mangent de la viande, demanda Marie?

— Non, mon enfant, ils sont essentiellement *herbivores*, c'est-à-dire qu'ils ne se nourrissent que de matières végétales; il en est de même de l'âne, du

mouton, de la chèvre, du cerf, etc. Les gros animaux tels que l'éléphant, l'hippopotame, le rhinocéros, la girafe, le chameau, sont aussi herbivores.

— Et le lion?

— Le lion est *carnivore*, c'est-à-dire qu'il se nourrit de chair; il en est de même du tigre, de la panthère, du jaguar, de l'hyène, du chacal, etc. Les animaux carnivores sont facilement reconnaissables à la forme de leurs ongles et de leurs dents qui sont faits pour déchirer la viande.

Les animaux herbivores ne sont pas d'un naturel féroce, tandis que les carnivores le sont tous. Le chat même, élevé dans les maisons à l'état de do-

mesticité, conserve ses instincts féroces; le loup et le renard, pris tout jeunes, ne s'apprivoisent jamais complétement. Le chien, seul, se plie tellement aux habitudes de son maître qu'il perd une partie de son appétit carnassier.

— Ah! les chiens sont bien meilleurs que les chats! s'écria Paul.

— Oui, je n'aime plus les chats du tout, continua Marie avec conviction.

— Comment, Minette n'est plus ta favorite? qu'a-t-elle donc fait?

— Le croirais-tu, papa, elle a profité d'un moment où je n'étais pas là pour monter sur la cage de mes deux jolis serins, et d'un coup de griffe elle en a tué un! j'étais si furieuse et si désolée, que je l'ai chassée; elle n'est plus revenue depuis, et j'en suis bien contente, dit Marie en poussant un profond soupir.

— Et le petit serin, qu'est-il devenu?

— Paul a creusé un trou dans mon jardin, et nous y avons enterré Mignon dans un lit de mousse.

— Ah! qu'est-ce qui sort de terre à nos pieds?

— C'est une taupe, elle est aveuglée par le grand jour; tâchons de la prendre, c'est un animal très-curieux.

— Je la tiens, crie Paul. Quel poil soyeux et serré, c'est comme du velours! regarde donc, Marie, ses pattes de devant, elles ressemblent à des mains. Quel drôle de museau, on dirait un groin de sanglier.

— La taupe est un animal très-utile, qui détruit un grand nombre d'insectes nuisibles; elle se creuse des galeries souterraines au moyen de son long museau et rejette la terre à l'aide de ses petites mains placées de côté, comme vous voyez. Ses yeux sont si petits, tellement enfouis dans sa fourrure, que pendant longtemps on a prétendu que la taupe était aveugle; il n'en est rien. Maintenant que vous l'avez bien regardée, lâchez-la, laissez-la aller à ses travaux.

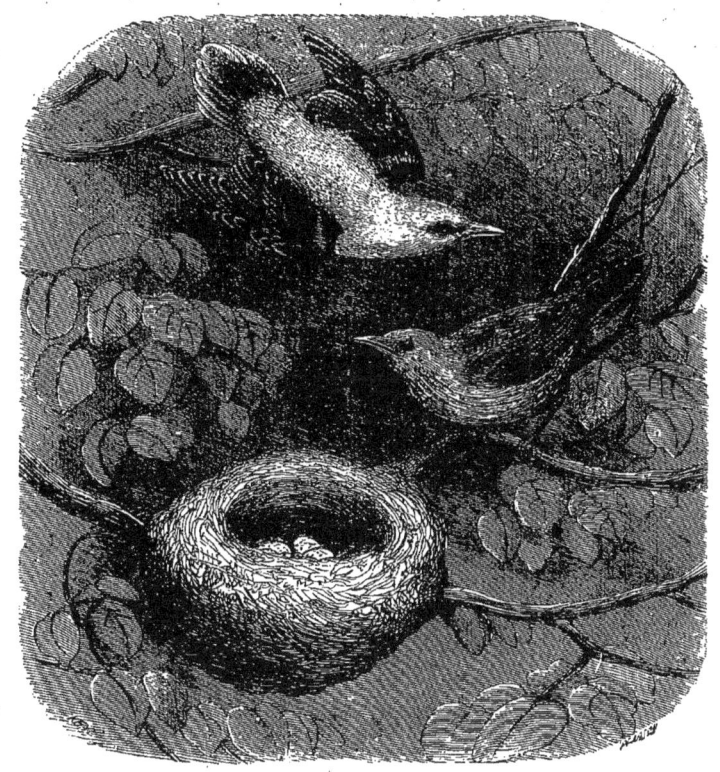

— Quel est ce bruit dans cet arbuste?

— Ah! papa, le joli nid; voilà les oiseaux qui s'envolent!

— C'est un nid de loriot : quel chef-d'œuvre de construction! quelle patience, quelle persévérance il faut aux petits oiseaux pour ramasser brin à brin les matériaux nécessaires!

— Combien les animaux sont industrieux, mon père; les fourmilières sont des travaux gigantesques lorsque l'on considère la petite taille des fourmis.

— Les abeilles sont plus intéressantes encore, car leurs travaux nous sont précieux; la cire et le miel qu'on récolte dans leurs ruches sont de grandes ressources pour l'homme.

— Papa, j'aperçois Mathias l'invalide; il est si complaisant et si amusant, que, si tu le veux bien, nous allons lui demander qu'il nous conte une histoire.

— Bonjour, Mathias, comment va la santé?
— Pas mal, monsieur; pourtant voici mes douleurs qui me reprennent, c'est l'annonce des froids.
— Voilà des enfants qui veulent absolument que vous leur contiez une histoire.
— Une histoire! ma foi, je vais leur conter la mienne; comme je prends le même chemin que vous, je la leur dirai en route.

Paul et Marie se mirent à côté de Mathias afin de ne rien perdre de son récit, et celui-ci commença ainsi :

Mes parents étaient fermiers du comte de Breteuil, auquel je devrai toujours une grande reconnaissance. Un jour, sur ma promesse d'être tranquille, il me

laissa monter dans son bateau ; je me penchai malgré sa défense pour attraper des herbes, je perdis équilibre et je tombai à l'eau. M. de Breteuil n'hésita pas à s'y jeter pour me sauver. Cette leçon ne me corrigea guère ; mes parents avaient le tort de trop nous gâter, mes deux petites sœurs et moi ; aussi nous étions indociles et nous ne nous plaisions qu'à courir à travers champs, à battre les étangs et à fouiller les buissons pour en dénicher les petits oiseaux.

La famille de Breteuil habitait le château pendant l'été, et c'était un grand bonheur pour tout le pays, car mademoiselle Camille de Breteuil était un ange de bonté, et les pauvres s'apercevaient bien vite de sa présence.

Maurice de Breteuil était du même âge que moi, et comme souvent il s'ennuyait, malgré ses nombreux jouets, on m'envoyait chercher pour jouer avec lui. Il était d'un caractère moins tapageur que le mien, et si bon, si complaisant que, pour m'être agréable, il consentait à faire tout ce que je voulais.

Un jour, je me le rappellerai toute ma vie, nous pouvions avoir une dizaine d'années, nous étions las du canon et de la trompette, le tambour était crevé; avec les gravures d'un bel album, nous avions fait des cocottes, enfin tout était saccagé et nous ne savions plus trop quoi faire, quand il me vint à l'idée de faire de Maurice mon cheval ; je le fis mettre à quatre pattes. Je lui passai entre les dents, en guise de bride, la corde à sauter, et chapeau à plume en tête,

giberne au côté, épée au poing, je me mis à éperonner ma monture à coups de talon.

Maurice prit d'abord bien la chose, et courut le plus vite qu'il put, mais son pied s'embarrassa dans un tapis, il trébucha, je tirai la corde, il tomba lourdement sur un débris de jouet sur lequel il se fendit le front et se cassa deux dents.

Effrayé à la vue du sang, je sortis en poussant des cris terribles qui mirent tout le monde en émoi ; puis, persuadé que Maurice allait mourir et qu'on m'accuserait de sa mort, je pris la fuite et courus ainsi plusieurs heures sans savoir où j'allais.

La fatigue m'arrêta, je tombai épuisé sur le gazon.

Ne voulant pas passer la nuit dehors, je gagnai le village prochain dont c'était justement la fête, et un saltimbanque me donna l'hospitalité et me proposa de le suivre. Comme la nuit porte conseil, dès le matin je repris le chemin de la ferme afin d'avoir des nouvelles de Maurice; non-seulement il n'était pas mort, mais il n'avait pas même pris le lit; ce qui m'avait tant effrayé n'était qu'un évanouissement; par exemple, une large cicatrice lui balafrait le front.

— Et comment se fait-il, Mathias, demanda M. Dubois, que vous vous êtes fait soldat au lieu de continuer d'être fermier comme votre père?

— Ah! voilà, monsieur! C'est quand j'ai vu monsieur Maurice qui sortait de l'École polytechnique en grand costume d'officier, mes goûts batailleurs me sont revenus et je me suis engagé dans son régiment; nous avons fait ensemble la campagne de Crimée, et c'est là que j'ai perdu mon bras gauche; je ne le regrette pas, car c'est en sauvant la vie de monsieur Maurice : je lui devais bien cela.

— Et comment se fait-il qu'intelligent et brave comme vous êtes, vous n'ayez pas obtenu un grade plus élevé?

— Toujours par la même raison, monsieur, l'instruction qui me manquait; j'ai bien souvent maudit ma mauvaise tête; allez, monsieur Paul, ne faites pas comme moi; travaillez, profitez de votre jeunesse.

On était arrivé à la maison de la famille Dubois, le vieux militaire fit ses adieux et refusa d'entrer se reposer, bien que les enfants insistassent beaucoup.

— Arrivez vite, Monsieur, arrivez vite, s'écria la

bonne, dès qu'elle eut ouvert la porte; le médecin sort d'ici, madame pourra se lever demain.

— Quel bonheur! nous allons donc pouvoir recommencer avec maman nos bonnes promenades, dirent ensemble Paul et Marie ; papa, tu viendras avec nous, n'est-ce pas ? et tu continueras à nous parler de toutes les choses que nous ne savons pas et que nous désirons apprendre.

—Tant que vous le voudrez, mes chers enfants, car vous l'avez vu d'après ce que Mathias vous contait; si l'instruction ouvre toutes les portes, l'ignorance les ferme au contraire.

www.ingramcontent.com/pod-product-compliance
Lightning Source LLC
Chambersburg PA
CBHW060938050426
42453CB00009B/1078